GABARITO

LÍNGUA PORTUGUESA

1. CERTO	28. A	55. E	82. A
2. ERRADO	29. C	56. A	83. B
3. CERTO	30. D	57. B	84. A
4. CERTO	31. A	58. C	85. B
5. CERTO	32. C	59. D	86. E
6. ERRADO	33. D	60. B	87. B
7. ERRADO	34. B	61. A	88. E
8. ERRADO	35. A	62. C	89. D
9. ERRADO	36. E	63. C	90. E
10. ERRADO	37. B	64. C	91. C
11. ERRADO	38. C	65. D	92. D
12. CERTO	39. C	66. A	93. E
13. ERRADO	40. B	67. E	94. B
14. ERRADO	41. A	68. A	95. A
15. A	42. D	69. A	96. D
16. E	43. B	70. D	97. B
17. D	44. E	71. A	98. B
18. B	45. B	72. C	99. B
19. A	46. A	73. B	100. C
20. B	47. C	74. B	101. C
21. E	48. B	75. A	102. B
22. C	49. E	76. B	103. B
23. A	50. A	77. A	104. A
24. D	51. D	78. B	105. C
25. C	52. B	79. B	106. B
26. E	53. A	80. B	107. A
27. C	54. C	81. A	108. D

109. E	143. ERRADO	177. C	211. E
110. D	144. CERTO	178. A	212. D
111. C	145. CERTO	179. E	213. D
112. E	146. ERRADO	180. C	214. B
113. E	147. ERRADO	181. B	215. E
114. E	148. ERRADO	182. A	216. C
115. A	149. CERTO	183. C	217. A
116. C	150. ERRADO	184. D	218. D
117. A	151. CERTO	185. E	219. A
118. B	152. ERRADO	186. E	220. B
119. D	153. ERRADO	187. E	221. E
120. C	154. ERRADO	188. A	222. C
121. C	155. CERTO	189. B	223. B
122. B	156. ERRADO	190. D	224. A
123. B	157. ERRADO	191. C	225. D
124. B	158. ERRADO	192. A	226. B
125. D	159. CERTO	193. E	227. D
126. B	160. CERTO	194. B	228. A
127. D	161. E	195. D	229. C
128. C	162. E	196. A	230. D
129. D	163. A	197. A	231. D
130. B	164. C	198. A	232. E
131. C	165. D	199. C	233. A
132. D	166. C	200. E	234. B
133. B	167. B	201. C	235. D
134. D	168. E	202. B	236. B
135. A	169. A	203. D	237. D
136. E	170. C	204. A	238. C
137. A	171. D	205. C	239. A
138. D	172. D	206. C	240. E
139. B	173. C	207. E	241. C
140. CERTO	174. B	208. D	242. B
141. CERTO	175. B	209. A	243. A
142. CERTO	176. D	210. B	244. E

245. C	257. B	269. B	281. C
246. B	258. A	270. D	282. B
247. A	259. A	271. B	283. B
248. D	260. B	272. B	284. C
249. A	261. A	273. C	285. A
250. E	262. B	274. A	286. A
251. C	263. B	275. C	287. A
252. C	264. C	276. E	288. E
253. B	265. D	277. B	289. C
254. A	266. C	278. A	290. A
255. A	267. E	279. C	291. C
256. D	268. E	280. C	

DIREITO PENAL

1. A	33. B	65. D	97. A
2. C	34. B	66. B	98. B
3. D	35. CERTO	67. ERRADO	99. B
4. A	36. ERRADO	68. B	100. E
5. A	37. B	69. C	101. CERTO
6. ERRADO	38. C	70. C	102. E
7. ERRADO	39. D	71. CERTO	103. E
8. CERTO	40. C	72. D	104. E
9. C	41. E	73. D	105. ERRADO
10. B	42. ERRADO	74. A	106. C
11. C	43. ERRADO	75. B	107. C
12. B	44. ERRADO	76. B	108. A
13. ERRADO	45. E	77. D	109. CERTO
14. D	46. A	78. E	110. B
15. B	47. C	79. C	111. C
16. A	48. C	80. A	112. E
17. A	49. E	81. A	113. ERRADO
18. D	50. A	82. E	114. CERTO
19. B	51. B	83. A	115. ERRADO
20. CERTO	52. C	84. C	116. ERRADO
21. CERTO	53. A	85. C	117. CERTO
22. ERRADO	54. CERTO	86. A	118. CERTO
23. B	55. CERTO	87. A	119. C
24. A	56. D	88. D	120. A
25. ERRADO	57. B	89. E	121. D
26. D	58. B	90. A	122. CERTO
27. E	59. A	91. A	123. CERTO
28. ERRADO	60. A	92. ERRADO	124. B
29. CERTO	61. C	93. C	125. CERTO
30. A	62. B	94. E	126. C
31. B	63. A	95. CERTO	127. CERTO
32. CERTO	64. C	96. CERTO	128. CERTO

129. A	163. ERRADO	197. E	231. B
130. ERRADO	164. B	198. ERRADO	232. CERTO
131. A	165. CERTO	199. C	233. E
132. CERTO	166. ERRADO	200. B	234. D
133. E	167. ERRADO	201. A	235. ERRADO
134. A	168. CERTO	202. E	236. D
135. A	169. ERRADO	203. B	237. CERTO
136. B	170. ERRADO	204. E	238. C
137. E	171. CERTO	205. ERRADO	239. CERTO
138. ERRADO	172. D	206. B	240. ERRADO
139. B	173. A	207. CERTO	241. C
140. ERRADO	174. E	208. ERRADO	242. CERTO
141. ERRADO	175. ERRADO	209. D	243. C
142. C	176. ERRADO	210. C	244. ERRADO
143. E	177. D	211. C	245. CERTO
144. B	178. A	212. E	246. ERRADO
145. A	179. E	213. A	247. CERTO
146. D	180. C	214. B	248. CERTO
147. E	181. D	215. CERTO	249. I = CERTO / II = CERTO / III = ERRADO / IV = ERRADO / V = ERRADO
148. B	182. CERTO	216. D	250. B
149. C	183. A	217. E	251. A
150. CERTO	184. CERTO	218. C	252. C
151. B	185. E	219. CERTO	253. E
152. CERTO	186. B	220. ERRADO	254. C
153. B	187. A	221. CERTO	255. D
154. B	188. E	222. CERTO	256. E
155. D	189. ERRADO	223. A	257. C
156. C	190. C	224. A	258. C
157. A	191. B	225. B	259. ERRADO
158. E	192. CERTO	226. D	260. C
159. A	193. B	227. A	261. B
160. B	194. D	228. E	
161. C	195. A	229. ERRADO	
162. ERRADO	196. C	230. A	

262. C
263. Primeira assertiva: Errado; Segunda assertiva: Certo
264. A
265. E
266. ERRADO
267. ERRADO
268. ERRADO
269. D
270. A
271. D
272. A
273. A
274. B
275. C
276. B
277. B
278. B
279. D
280. D
281. E
282. ERRADO
283. C
284. A
285. C
286. A
287. A
288. CERTO
289. CERTO
290. D
291. D
292. C
293. A

294. C
295. A
296. C
297. A
298. D
299. D
300. C
301. D
302. E
303. E
304. A
305. D
306. C
307. ERRADO
308. CERTO
309. B
310. ERRADO
311. ERRADO
312. A
313. A
314. B
315. ERRADO
316. ERRADO
317. C
318. CERTO
319. C
320. CERTO
321. C
322. B
323. CERTO
324. B
325. B
326. ERRADO
327. CERTO

328. ERRADO
329. CERTO
330. A
331. E
332. ERRADO
333. A
334. D
335. C
336. ERRADO
337. A
338. A
339. D
340. A
341. C
342. C
343. CERTO
344. D
345. D
346. C
347. A
348. D
349. D
350. ERRADO
351. B
352. C
353. C
354. ERRADO
355. E
356. E
357. C
358. CERTO
359. B
360. CERTO
361. A

362. CERTO
363. A
364. E
365. A
366. ERRADO
367. A
368. D
369. C
370. B
371. E
372. B
373. CERTO
374. A
375. CERTO
376. CERTO
377. A
378. C
379. A
380. CERTO
381. D
382. ERRADO
383. ERRADO
384. C
385. E
386. B
387. CERTO
388. CERTO
389. D
390. ERRADO
391. D
392. CERTO
393. B
394. D
395. B

396. C	430. ERRADO	464. E	498. ERRADO
397. ERRADO	431. CERTO	465. D	499. ERRADO
398. CERTO	432. A	466. ERRADO	500. ERRADO
399. D	433. E	467. ERRADO	501. A
400. C	434. CERTO	468. ERRADO	502. CERTO
401. CERTO	435. CERTO	469. ERRADO	503. CERTO
402. CERTO	436. C	470. CERTO	504. ERRADO
403. C	437. E	471. ERRADO	505. CERTO
404. B	438. ERRADO	472. ERRADO	506. ERRADO
405. CERTO	439. ERRADO	473. ERRADO	507. B
406. C	440. D	474. C	508. B
407. CERTO	441. D	475. D	509. A
408. E	442. E	476. E	510. A
409. ERRADO	443. D	477. D	511. A
410. B	444. B	478. A	512. A
411. B	445. CERTO	479. A	513. A
412. C	446. A	480. ERRADO	514. C
413. C	447. E	481. D	515. ERRADO
414. D	448. ERRADO	482. A	516. CERTO
415. CERTO	449. ERRADO	483. ERRADO	517. C
416. D	450. A	484. E	518. CERTO
417. C	451. ERRADO	485. D	519. CERTO
418. CERTO	452. ERRADO	486. B	520. ERRADO
419. B	453. D	487. CERTO	521. ERRADO
420. CERTO	454. C	488. C	522. D
421. D	455. A	489. C	523. B
422. C	456. D	490. B	524. CERTO
423. CERTO	457. ERRADO	491. ERRADO	525. D
424. CERTO	458. D	492. B	526. A
425. ERRADO	459. A	493. ERRADO	
426. CERTO	460. D	494. A	
427. A	461. ERRADO	495. CERTO	
428. CERTO	462. CERTO	496. ERRADO	
429. B	463. D	497. B	

DIREITO PROCESSUAL PENAL

1. E
2. D
3. D
4. C
5. D
6. A
7. B
8. D
9. E
10. D
11. A
12. B
13. A
14. B
15. C
16. D
17. D
18. C
19. B
20. D
21. A
22. C
23. B
24. C
25. A
26. B
27. A
28. A
29. E
30. C
31. B
32. A
33. A
34. D
35. A
36. C
37. C
38. D
39. E
40. D
41. A
42. B
43. E
44. B
45. C
46. D
47. A
48. E
49. B
50. D
51. B
52. D
53. A
54. C
55. A
56. D
57. E
58. B
59. D
60. B
61. E
62. E
63. A
64. C
65. D
66. B
67. B
68. A
69. E
70. SEM EFEITO
71. D
72. SEM EFEITO
73. ANULADO
74. ERRADO; 74.1. ERRADO; 74.2. CERTO; 74.3. ERRADO
75. A
76. B
77. A
78. D
79. D
80. A
81. A
82. ERRADO 82.1. ERRADO; 82.2. ANULADA; 82.3. ERRADO; 82.4. CERTO
83. B
84. A
85. D
86. A
87. C
88. D
89. E
90. D
91. E
92. 92.1. CERTO; 92.2. CERTO
93. 93.1. ERRADO; 93.2. ERRADO; 93.3. ERRADO; 93.4. CERTO
94. CERTO
95. 95.1. CERTO; 95.2. ERRADO
96. 96.1. ERRADO; 96.2. CERTO; 96.3. CERTO; 96.4. CERTO; 96.5. ERRADO
97. 97.1. CERTO; 97.2. ERRADO
98. B
99. B
100. B
101. A
102. D
103. B
104. A
105. E
106. C
107. A
108. ANULADA
109. ANULADA
110. ANULADA
111. ERRADO
112. A
113. C
114. A

115. E
116. E
117. E
118. C
119. E
120. A
121. C
122. ANULADA
123. A
124. D
125. C
126. E
127. D
128. D
129. ANULADA
130. A
131. C
132. E
133. E
134. D
135. B
136. A
137. E
138. D
139. B
140. A
141. D
142. C
143. A
144. B
145. D
146. A
147. A
148. B

149. C
150. B
151. D
152. ANULADA
153. ANULADA
154. ERRADO
155. D
156. E
157. E
158. E
159. A
160. B
161. C
162. B
163. D
164. B
165. D
166. D
167. D
168. C
169. D
170. C
171. C
172. B
173. E
174. D
175. D
176. B
177. C
178. C
179. A
180. C
181. B
182. E

183. A
184. A
185. A
186. B
187. ANULADA
188. 188.1. ERRADO; 188.2. CERTO; 188.3. ERRADO
189. CERTO
190. CERTO
191. 191.1. ERRADO; 191.2. CERTO
192. ERRADO
193. 193.1. ERRADO; 193.2. CERTO; 193.3. ERRADO; 193.4. ERRADO
194. 194.1. ERRADO; 194.2. ERRADO
195. ERRADO
196. 196.1. ERRADO; 196.2. CERTO
197. A
198. C
199. B
200. A
201. C
202. ANULADA
203. C
204. 204.1. ERRADO; 204.2. CERTO; 204.3. ERRADO
205. C
206. C

207. D
208. C
209. E
210. A
211. B
212. C
213. D
214. E
215. B
216. C
217. B
218. A
219. A
220. B
221. B
222. A
223. C
224. C
225. C
226. ERRADO
227. ERRADO
228. C
229. A
230. E
231. A
232. C
233. A
234. B
235. C
236. A
237. B
238. A
239. C
240. C

241. C	275. A	306. 306.1. ERRADO; 306.2. ANULADA; 306.3. ERRADO	332. B
242. C	276. A		333. C
243. B	277. C		334. B
244. B	278. ANULADA	307. CERTO	335. B
245. C	279. A	308. 308.1. ERRADO; 308.2. CERTO; 308.3. CERTO; 308.4. CERTO; 308.5. ANULADA	336. A
246. E	280. B		337. A
247. B	281. C		338. D
248. A	282. E		339. E
249. A	283. A	309. 309.1. CERTO; 309.2. ERRADO; 309.3. ERRADO; 309.4. CERTO; 309.5. CERTO	340. C
250. D	284. 284.1. CERTO; 284.2. CERTO; 284.3. ERRADO		341. A
251. CERTO			342. D
252. A			343. A
253. A	285. C	310. CERTO	344. B
254. C	286. D	311. D	345. SEM EFEITO
255. B	287. A	312. E	346. D
256. A	288. B	313. E	347. A
257. D	289. A	314. A	348. E
258. D	290. C	315. C	349. C
259. A	291. C	316. E	350. B
260. D	292. E	317. A	351. B
261. C	293. E	318. C	352. D
262. A	294. E	319. A	353. D
263. B	295. B	320. E	354. C
264. E	296. E	321. B	355. A
265. B	297. A	322. B	356. E
266. ANULADA	298. C	323. A	357. B
267. A	299. E	324. C	358. E
268. C	300. C	325. A	359. D
269. D	301. C	326. A	360. A
270. E	302. A	327. C	361. A
271. C	303. B	328. SEM EFEITO	362. C
272. B	304. C	329. B	363. C
273. B	305. B	330. D	364. A
274. D		331. A	365. B

366. E
367. B
368. C
369. D
370. B
371. A
372. A
373. D
374. A
375. E
376.
376.1. ERRADO;
376.2. CERTO
377. A
378. E
379. C
380. C
381. A
382. A
383. A
384. C
385. C
386. C
387. B
388. A
389. D
390. C
391. B
392. C
393. A
394. B
395. E
396. C
397. C
398. B
399. A
400. B
401. A
402. D
403. E
404. B
405. E
406. A
407. A
408. A
409. D
410. C
411. CERTO;
411.1. CERTO;
411.2. ERRADO;
411.3. ERRADO
412. B
413. A
414. D
415. E
416. D
417. E
418. E
419. E
420. B
421. A
422. D
423. B
424. B
425. C
426. A
427. C
428. C
429. B
430. C
431. E
432. C
433. E
434. D
435. C
436. E
437. B
438. C
439. B
440. B
441. ANULADA
442. C
443. D
444. B
445. CERTO
446. D
447. D
448. B
449. B
450. E
451. D
452. E
453. A
454. B
455. D
456. E
457. E
458. A
459. A
460. C
461. C
462. E
463. E
464. D
465. A
466. E
467. A
468. C
469. C
470. C
471. D
472. D
473. A
474. D
475. D
476. B
477. B
478. B
479. E
480. ANULADA

CRIMINOLOGIA

1. C	25. CERTO	49. ERRADO	73. E
2. A	26. CERTO	50. CERTO	74. B
3. C	27. A	51. CERTO	75. ERRADO
4. ERRADO	28. E	52. CERTO	76. CERTO
5. C	29. B	53. ERRADO	77. E
6. CERTO	30. E	54. E	78. CERTO
7. C	31. D	55. C	79. E
8. ERRADO	32. B	56. B	80. C
9. A	33. D	57. A	81. B
10. CERTO	34. C	58. A	82. C
11. B	35. C	59. A	83. A
12. D	36. B	60. C	84. E
13. ERRADO	37. A	61. C	85. CERTO
14. ERRADO	38. C	62. E	86. B
15. C	39. A	63. D	87. E
16. A	40. D	64. B	88. C
17. D	41. B	65. E	89. CERTO
18. CERTO	42. C	66. A	90. B
19. B	43. D	67. D	91. A
20. ERRADO	44. A	68. B	92. CERTO
21. D	45. C	69. CERTO	93. A
22. A	46. A	70. B	94. A
23. ERRADO	47. E	71. E	95. E
24. ERRADO	48. ERRADO	72. D	96. A

MEDICINA LEGAL

1. C	33. C	65. CERTO	97. E
2. D	34. E	66. ERRADO	98. C
3. ERRADO	35. ERRADO	67. CERTO	99. B
4. CERTO	36. ERRADO	68. E	100. D
5. B	37. CERTO	69. ERRADO	101. C
6. D	38. E	70. CERTO	102. E
7. A	39. B	71. Certa	103. ERRADO
8. ERRADO	40. E	72. C	104. C
9. E	41. ERRADO	73. A	105. C
10. B	42. E	74. CERTO	106. B
11. D	43. D	75. ERRADO	107. C
12. A	44. A	76. ERRADO	108. ERRADO
13. A	45. CERTO	77. A	109. A
14. CERTO	46. CERTO	78. C	110. A
15. ERRADO	47. CERTO	79. CERTO	111. E
16. ERRADO	48. A	80. E	112. B
17. D	49. B	81. A	113. C
18. ERRADO	50. C	82. C	114. A
19. CERTO	51. B	83. D	115. A
20. A	52. D	84. C	116. E
21. A	53. D	85. B	117. ERRADO
22. ERRADO	54. D	86. C	118. A
23. E	55. CERTO	87. B	119. CERTO
24. E	56. CERTO	88. E	120. C
25. C	57. CERTO	89. A	121. D
26. ERRADO	58. A	90. ERRADO	122. B
27. E	59. A	91. CERTO	123. B
28. B	60. E	92. D	124. B
29. C	61. C	93. D	125. B
30. D	62. B	94. C	126. CERTO
31. B	63. D	95. A	127. CERTO
32. ERRADO	64. A	96. ERRADO	128. B

129. A	134. ERRADO	139. C	144. D
130. ERRADO	135. CERTO	140. C	145. D
131. A	136. CERTO	141. CERTO	146. CERTO
132. C	137. ERRADO	142. ERRADO	
133. C	138. B	143. D	

DIREITO CONSTITUCIONAL

1. C
2. A
3. D
4. D
5. D
6. A
7. B
8. C
9. C
10. E
11. B
12. C
13. ERRADO; 13.1. ERRADO; 13.2. CERTO; 13.3. CERTO; 13.4. ANULADA
14. A
15. E
16. C
17. D
18. D
19. B
20. B
21. E
22. D
23. D
24. C
25. C
26. A
27. C
28. E
29. CERTO; 29.1. CERTO
30. CERTO
31. D
32. C
33. D
34. ANULADA
35. B
36. E
37. B
38. B
39. C
40. D
41. A
42. D
43. E
44. D
45. E
46. C
47. E
48. A
49. D
50. A
51. B
52. CERTO
53. B
54. D
55. B
56. A
57. A
58. A
59. D
60. C
61. C
62. B
63. A
64. B
65. E
66. D
67. D
68. B
69. A
70. D
71. I. ERRADO II. ERRADO III.CERTA
72. D
73. C
74. A
75. CERTO
76. C
77. A
78. D
79. C
80. B
81. A
82. C
83. C
84. D
85. E
86. A
87. C
88. C
89. C
90. B
91. A
92. A
93. B
94. E
95. A
96. D
97. C
98. E
99. A
100. D
101. D
102. D
103. I. CERTO II. CERTO III. ERRADO IV. ERRADO
104. 104.1. ERRADO; 104.2. ERRADO
105. E
106. D
107. CERTO
108. E
109. D
110. C
111. A
112. E
113. D
114. A E B (EM DECORRÊNCIA DA MUDANÇA DE POSICIONAMENTO DO STF)
115. D
116. B
117. B
118. E
119. E
120. D
121. D

122. B
123. E
124. B
125. A
126. D
127. A
128. B
129. CERTO
130. E
131. C
132. C
133. E
134. A
135. C
136. B
137. CERTO
138. B
139. C
140. C
141. C
142. B
143. D
144. C
145. D
146. C
147. B
148. E
149. C
150.1. ERRADO; 150.2. ERRADO
151. 151.1. CERTO;
152. C
153. C
154. CERTO
155. D

156. A
157. B
158. D
159. E
160. B
161. D
162. CERTO
163. D
164. B
165. B
166. CERTO
167. B
168. C
169. E
170. A
171. D
172. C
173. A
174. A
175. B
176. B
177. A
178. C
179. C
180. A
181. B
182. C
183. D
184. D
185. C
186. ERRADO
187. CERTO
188. B
189. A
190. A

191. C
192. B
193. D
194. E
195. C
196. E
197. D
198. C
199. C
200. B
201. B
202. C
203. C
204. B
205. E
206. B
207. A
208. ERRADO
209. D
210. ANULADA
211. C
212. C
213. A
214. E
215. A
216. E
217. B
218. E
219. D
220. D
221. D
222. A
223. C
224. C
225. A

226. C
227. E
228. C
229. ERRADO
230. E
231. ERRADO
232. CERTO
233. E
234. C
235. CERTO
236. CERTO
237. ERRADO
238. ERRADO
239. D
240. A
241. C
242. B
243. A
244. A
245. C
246. D
247. E
248. B
249. D
250. B
251. C
252. B
253. A
254. ERRADO
255. D
256. E
257. E
258. CERTO
259. E
260. D

- 261. C
- 262. A
- 263. C
- 264. D
- 265. ERRADO
- 266. CERTO
- 267. D
- 268. C
- 269. E
- 270. ERRADO
- 271. E
- 272. B
- 273. E
- 274. A
- 275. C
- 276. B
- 277. C
- 278. B
- 279. C
- 280. ERRADO
- 281. CERTO
- 282. C
- 283. B
- 284. D
- 285. E
- 286. B
- 287. C
- 288. E
- 289. D
- 290. CERTO
- 291. A
- 292. C
- 293. B
- 294. C
- 295. C

- 296. B
- 297. D
- 298. CERTO
- 299. D
- 300. C
- 301. B
- 302. C
- 303. D
- 304. D
- 305. C
- 306. B
- 307. E
- 308. A
- 309. D
- 310.1. ERRADO; 310.2. ERRADO
- 311. E
- 312. D
- 313. C
- 314. E
- 315. D
- 316. E
- 317. C
- 318. E
- 319. A
- 320. D
- 321. I. CERTA II. ERRADO III. CERTA
- 322. B
- 323. C
- 324. CERTO; 324.1. ERRADO
- 325. C
- 326. I. CERTA II. ERRADO
- 327. D

- 328. E
- 329. B
- 330. A
- 331. C
- 332. B
- 333. A
- 334. D
- 335. A
- 336. C
- 337. A
- 338. E
- 339. E
- 340. CERTO; 340.1. CERTO; 340.2. ERRADO; 340.3. ERRADO
- 341. C
- 342. D
- 343. B
- 344. C
- 345.1. CERTO; 345.2. ERRADO
- 346. A
- 347. D
- 348. B
- 349. CERTO; 349.1. ERRADO
- 350. ERRADO; 350.1. ERRADO
- 351. ERRADO
- 352. D
- 353. A
- 354. D
- 355. D
- 356. E
- 357. C
- 358. C

- 359. B
- 360. A
- 361. C
- 362. A
- 363. C
- 364. C
- 365. C
- 366. ERRADO
- 367. A
- 368. D
- 369. E
- 370. C
- 371. C
- 372. C
- 373. C
- 374. C
- 375. E
- 376. D
- 377. A
- 378. D
- 379. B
- 380. E
- 381. B
- 382. D
- 383. B
- 384. D
- 385. A
- 386. E
- 387. ERRADO; 387.1. CERTO
- 388. ERRADO
- 389. D

DIREITOS HUMANOS

1. B	16. E	31. E	46. D
2. C	17. ANULADA	32. B	47. E
3. E	18. A	33. A	48. A
4. C	19. A	34. B	49. A
5. E	20. B	35. A	50. E
6. D	21. B	36. E	51. D
7. B	22. B	37. C	52. A
8. A	23. C	38. B	53. B
9. E	24. D	39. D	54. D
10. ANULADA	25. C	40. C	55. E
11. B	26. E	41. D	56. E
12. B	27. B	42. E	57. A
13. E	28. D	43. C	58. C
14. A	29. D	44. C	59. B
15. B	30. A	45. B	60. B

DIREITO ADMINISTRATIVO

Gabarito
1. D
2. D
3. D
4. D
5. ERRADO
6. B
7. A
8. A
9. D
10. C
11. C
12. D
13. D
14. B
15. B
16. B
17. E
18. D
19. C
20. D
21. E
22. A
23. A
24. C
25. B
26. D
27. D
28. D
29. D
30. D
31. D
32. C
33. A
34. A
35. E
36. CERTO
37. CERTO
38. CERTO
39. B
40. B
41. E
42. C
43. B
44. A
45. C
46. A
47. B
48. A
49. A
50. E
51. E
52. C
53. D
54. E
55. C
56. ERRADO
57. A
58. A
59. D
60. B
61. D
62. D
63. D
64. D
65. C
66. CERTO
67. B
68. E
69. C
70. A
71. B
72. A
73. E
74. B
75. A
76. ERRADO
77. CERTO
78. C
79. D
80. B
81. E
82. A
83. C
84. A
85. B
86. C
87. D
88. ERRADO
89. CERTO
90. CERTO
91. D
92. A (CERTO à época do concurso. Atualmente, a alternativa se encontra desatualizada).
93. D
94. C
95. E
96. E
97. ERRADO
98. C (CERTO à época do concurso. Atualmente, a questão se encontra desatualizada).
99. A
100. A
101. C
102. C
103. A
104. A
105. C
106. C
107. B
108. C
109. A
110. D
111. C
112. B
113. E
114. C
115. ERRADO
116. CERTO
117. ERRADO
118. D
119. D
120. A
121. A
122. D
123. ERRADO
124. D
125. B
126. D
127. E
128. E
129. E

130. A
131. B
132. D
133. E
134. A
135. E
136. B
137. C
138. D
139. C
140. C
141. C
142. D
143. A
144. A
145. B
146. A
147. C
148. A
149. E
150. C
151. A
152. B
153. A
154. D
155. C
156. A
157. B
158. B
159. B
160. B
161. A
162. B
163. B
164. B
165. A
166. E
167. A
168. B
169. A
170. B
171. B
172. B
173.1. CERTO; 173.2. ERRADO
174. A
175. A
176. B
177. E
178. E
179. D
180. E
181. A
182. E
183. E
184. B
185. A
186. B
187. D
188. B
189. C
190. A
191. A
192. C
193. E
194. E
195. C
196. E
197. B
198. B
199. E
200. C
201. C
202. C
203. B
204. A
205. B
206. C
207. E
208. C
209. D
210. A
211. A
212. D
213. C
214. A
215. C
216. C
217. A
218. B
219. A
220. A
221. B
222. B
223. B
224. A
225. C
226. A
227. C
228. A
229. D
230. B
231. A
232. B
233. E
234. D
235. E
236.1. CERTO; 236.2. ERRADO
237. C
238. E
239. A
240. A
241. D
242. E
243. C
244. D
245. D
246. D
247.1. ERRADO; 247.2. CERTO
248. D
249. D
250. A
251. C
252. B
253. B
254. B
255. E
256. C
257. C
258. E
259. D
260. CERTO
261.1. CERTO; 262.2. ERRADO
262. E
263. Questão desatualizada
264. B
265. A
266. Questão desatualizada
267. Questão desatualizada

DIREITO CIVIL

1. A	33. C	65. D	97. E
2. D	34. B	66. D	98. A
3. C	35. D	67. D	99. ERRADO
4. A	36. A	68. A	100. D
5. CERTO	37. D	69. D	101. D
6. CERTO	38. B	70. D	102. B
7. ERRADO	39. E	71. E	103. A
8. CERTO	40. B	72. C	104. C
9. B	41. C	73. A	105. A
10. C	42. C	74. D	106. B
11. E	43. D	75. A	107. B
12. A	44. C	76. C	108. C
13. C	45. A	77. E	109. A
14. B	46. E	78. D	110. D
15. B	47. E	79. B	111. E
16. A	48. D	80. D	112. B
17. C	49. D	81. B	113. A
18. C	50. ERRADO	82. E	114. ERRADO
19. B	51. ERRADO	83. B	115. B
20. E	52. ERRADO	84. E	116. C
21. E	53. ERRADO	85. C	117. C
22. B	54. C	86. D	118. D
23. D	55. A	87. A	119. B
24. C	56. E	88. D	120. D
25. B	57. D	89. A	121. CERTO
26. C	58. D	90. D	122. ERRADO
27. B	59. B	91. B	123. C
28. A	60. D	92. E	124. A
29. A	61. A	93. A	125. A
30. B	62. A	94. D	126. B
31. B	63. A	95. B	127. E
32. B	64. E	96. B	128. A

129. C	155. B	181. B	207. E
130. B	156. E	182. A	208. C
131. ERRADO	157. E	183. D	209. E
132. CERTO	158. B	184. D	210. E
133. B	159. A	185. A	211. D
134. B	160. B	186. B	212. B
135. B	161. A	187. D	213. C
136. A	162. B	188. ERRADO	214. D
137. B	163. A	189. ERRADO	215. C
138. B	164. D	190. ERRADO	216. C
139. C	165. B	191. ERRADO	217. B
140. C	166. B	192. CERTO	218. C
141. C	167. CERTO	193. ERRADO	219. A
142. CERTO	168. B	194. CERTO	220. C
143. CERTO	169. D	195. E	221. CERTO
144. A	170. C	196. A	222. ERRADO
145. D	171. B	197. A	223. CERTO
146. C	172. A	198. C	224. ERRADO
147. D	173. E	199. E	225. D
148. D	174. C	200. A	226. A
149. B	175. A	201. D	227. D
150. E	176. C	202. E	228. C
151. A	177. D	203. A	229. A
152. C	178. B	204. C	230. B
153. A	179. B	205. E	
154. A	180. C	206. D	

DIREITO PROCESSUAL CIVIL

1. B	9. D	17. ERRADO	25. A
2. ERRADO	10. D	18. C	26. A
3. ERRADO	11. C	19. B	27. ERRADO
4. ERRADO	12. C	20. A	28. CERTO
5. C	13. C	21. C	29. C
6. D	14. B	22. A	30. B
7. C	15. C	23. B	
8. B	16. B	24. B	

DIREITO AMBIENTAL

1. E	17. C	33. A	49. D
2. D	18. B	34. E	50. C
3. A	19. C	35. E	51. B
4. B	20. C	36. E	52. CERTO
5. B	21. E	37. B	53. ERRADO
6. A	22. C	38. CERTO	54. B
7. A	23. C	39. C	55. B
8. D	24. CERTO	40. A	56. D
9. C	25. A	41. B	57. D
10. A	26. A	42. A	58. A
11. C	27. CERTO	43. D	59. A
12. B	28. CERTO	44. A	60. B
13. B	29. ERRADO	45. A	61. A
14. D	30. B	46. C	62. E
15. D	31. E	47. ERRADO	63. C
16. ERRADO	32. D	48. E	

DIREITO EMPRESARIAL

1. CERTO	11. CERTO	21. D	31. C
2. CERTO	12. E	22. C	32. B
3. D	13. CERTO	23. C	33. D
4. ERRADO	14. CERTO	24. B	34. E
5. ERRADO	15. C	25. B	35. B
6. A	16. D	26. B	36. B
7. D	17. E	27. D	37. C
8. D	18. C	28. A	38. D
9. B	19. E	29. E	39. D
10. C	20. ERRADO	30. D	40. D

DIREITO TRIBUTÁRIO

1. A	13. C	25. E	37. D
2. B	14. CERTO	26. A	38. C
3. C	15. C	27. B	39. A
4. C	16. B	28. E	40. CERTO
5. D	17. A	29. C	41. D
6. D	18. A	30. B	42. A
7. B	19. A	31. A	43. D
8. B	20. D	32. C	44. B
9. C	21. B	33. A	45. A
10. B	22. B	34. D	
11. A	23. A	35. E	
12. A	24. D	36. E	

RACIOCÍNIO LÓGICO

1. C	9. A	17. C	25. E
2. A	10. C	18. B	26. E
3. C	11. B	19. D	27. E
4. C	12. E	20. ERRADO	28. E
5. C	13. A	21. CERTO	29. A
6. D	14. ERRADO	22. A	30. A
7. A	15. ERRADO	23. D	31. C
8. D	16. D	24. ERRADO	

LEGISLAÇÃO PENAL ESPECIAL

1. E
2. A
3. D
4. B
5. B
6. A
7. ERRADO
8. ERRADO
9. C
10. D
11. E
12. B
13. A
14. E
15. E
16. ERRADO
17. D
18. B
19. B e E
20. C
21. C
22. E
23. E
24. D
25. ERRADO
26. C
27. B
28. B
29. B
30. A
31. B
32. C
33. E
34. B
35. E
36. E
37. D
38. E
39. D
40. D
41. D
42. E
43. B
44. ERRADO
45. CERTO
46. CERTO
47. B
48. B
49. D
50. questão deveria ser anulada
51. C
52. C
53. D
54. E
55. D
56. A
57. B
58. D
59. B
60. CERTO
61. E
62. E
63. A
64. D
65. E
66. C
67. A
68. B
69. A
70. C
71. C
72. D
73. A
74. C
75. C
76. C
77. D
78. E
79. B
80. D
81. A
82. C
83. ERRADO
84. CERTO
85. ERRADO
86. D
87. C
88. A
89. B
90. A
91. B
92. B
93. B
94. A e D
95. Errado
96. A
97. A
98. B
99. C
100. B
101. C
102. B
103. A
104. D
105. E
106. D
107. B
108. B
109. E
110. D
111. A
112. C
113. C
114. B
115. B
116. A
117. D
118. C
119. B
120. D
121. C e D
122. C
123. B
124. C
125. ERRADO
126. Errado
127. E

128. D	136. B	145. E	154. A
129. D	137. B	146. C	155. B
130. E (com ressalva)	138. CERTO	147. B	156. B
131. A	139. CERTO	148. B	157. A
132. E	140. ERRADO	149. B	158. D
133. E	141. CERTO	150. A	159. D
134. B	142. CERTO	151. E	
135. D	143. ERRADO	152. B	
	144. C	153. E	

DIREITO DA CRIANÇA E DO ADOLESCENTE

1. A	6. E	11. ERRADO	16. B
2. E	7. B	12. A	17. E
3. ERRADO	8. E	13. D	18. D
4. ERRADO	9. CERTO	14. C	
5. CERTO	10. B	15. D	

DIREITO ELEITORAL

1. A	8. A	15. A	22. CERTO
2. E	9. A	16. C	23. B
3. B	10. B	17. ERRADO	24. E
4. E	11. A	18. CERTO	25. C
5. A	12. A	19. CERTO	
6. C	13. C	20. ERRADO	
7. D	14. C	21. ERRADO	

DIREITO DO CONSUMIDOR

1. CERTO	5. D	9. E	13. D
2. E	6. C	10. B	14. B
3. C	7. B	11. C	15. D
4. A	8. CERTO	12. ERRADO	

EDITORA JusPODIVM
www.editorajuspodivm.com.br

Impressão e acabamento: BMF Gráfica e Editora